Vincent Andreas lebt als freier Autor und Regisseur in Berlin. Neben Erzählungen, Film- und Hörspieldrehbüchern für Erwachsene schreibt er Kinder- und Jugendliteratur, unter anderem für die Serien »Bibi Blocksberg« und »Benjamin Blümchen«.

Christoph Schöne, geboren 1967 in München, ist gelernter Florist und seit 1997 selbstständiger Illustrator und Comiczeichner. Neben Werbeillustrationen und Arbeiten für Kino- und Fernsehfilme macht er auch Trickfilme für das Internet.

© Ellermann Verlag GmbH, Hamburg 2011
Alle Rechte vorbehalten
© 2011 KIDDINX Studios GmbH, Berlin
Redaktion: Susanne Stephan
Lizenz durch KIDDINX Media GmbH, Lahnstraße 21, 12055 Berlin
www.benjaminbluemchen.de
Bearbeitung der Texte: Klaus-P. Weigand
Einband und farbige Illustrationen von Christoph Schöne
Reproduktion: Igoma, Hamburg
Druck und Bindung: Graphisches Centrum Cuno, Calbe
Printed 2011
ISBN 978-3-7707-2211-2

www.ellermann.de

Gutenacht-Geschichten mit

Benjamin Blümchen

von Vincent Andreas

Mit Bildern von Christoph Schöne

ellermann

Das Gute-Nacht-Paket

Eines Abends gingen Benjamin und Otto an Herrn Tierliebs Haus vorbei und sahen, dass dort noch Licht brannte.

»Komm, Otto, wir wünschen Herrn Tierlieb eine gute Nacht«, sagte Benjamin und klopfte an die Tür.

Der Zoodirektor öffnete. »Hallo, ihr beiden! Kommt doch herein«, rief er erfreut. »Ich packe gerade ein Paket aus, das mir meine Tante geschickt hat.«

Benjamin und Otto folgten Herrn Tierlieb ins Wohnzimmer, und Herr Tierlieb erzählte: »Seit einiger Zeit kann ich nur schwer einschlafen. Meine Tante hat mir deshalb ein paar Sachen geschickt, die mir helfen sollen.«

Benjamin und Otto waren sehr gespannt, was in dem Paket drin war. Herr Tierlieb schnitt die Schnur durch und öffnete es.

Zuerst kam ein Fernrohr zum Vorschein.

»Na, so was«, sagte Herr Tierlieb erstaunt, »wie soll mir ein Fernrohr denn beim Einschlafen helfen? Was für komische Ideen meine Tante manchmal hat!«

Danach holte er eine Dose aus dem Paket. Was da wohl drin war? Herr Tierlieb schraubte den Deckel ab. Auch Benjamin war ganz gespannt.

»Lassen Sie mich mal riechen, Herr Tierlieb«, sagte er, und der Zoodirektor hielt ihm die Dose vor den Rüssel.

Benjamin schnupperte. »Hmm, riecht gut!«, sagte er. »Das ist ein Kräutertee!« Das war schon eher etwas zum Einschlafen.

Und was war da ganz unten im Paket? Otto erkannte es als Erster: »Eine Kuscheldecke!«, rief er. »Die sieht ja gemütlich aus.« Die Decke war dunkelblau mit gelben Sternen und Monden.

»Ich glaube«, sagte Herr Tierlieb, »ich versuche es zuerst mal mit dem Kräutertee. Hoffentlich ist er nicht so bitter.«

Herr Tierlieb setzte den Wasserkessel auf und kochte eine Kanne Tee. Bitter, wie er befürchtet hatte, schmeckte der Tee nicht. Er schmeckte sogar sehr gut. Nur müde wurde Herr Tierlieb davon leider überhaupt nicht.

»Und wenn Sie es einmal mit der Kuscheldecke versuchen?«, fragte Benjamin. »Kleine Kinder sehen damit immer so niedlich aus.«

Das fand Herr Tierlieb auch. Nur war er kein kleines Kind mehr, sondern ein erwachsener Mann. Aber schließlich kuschelte er sich doch in die Decke und war ganz begeistert. »Oh, ist die aber weich! Herrlich! So richtig gemütlich!«, schwärmte er. Einschlafen konnte er mit der Kuscheldecke jedoch auch nicht.

Seufzend schaute Herr Tierlieb aus dem Fenster.

»Ist euch eigentlich schon aufgefallen, wie schön der Sternenhimmel heute Nacht aussieht?«, fragte er.

Nein, das hatten Benjamin und Otto noch nicht bemerkt. Aber Herr Tierlieb hatte recht.

»Der Himmel ist ganz klar«, sagte Otto, »und wie die Sterne funkeln!«

Ja, es war wirklich ein wunderschöner Nachthimmel über dem Neustädter Zoo.

»Nur schade, dass die Sterne so weit weg sind«, sagte Herr Tierlieb und seufzte.

»Weit weg?«, fragte Benjamin – und plötzlich fiel ihm etwas ein! »Herr Tierlieb, da ist doch das Fernrohr von Ihrer Tante!«, rief er aufgeregt.

Na klar! Herr Tierlieb schraubte es sofort zusammen. Natürlich wollten Benjamin und Otto auch hindurchsehen, und Benjamin durfte es als Erster.

Das war aber komisch. Die Sterne waren ja plötzlich viel weiter weg als vorher. Wie konnte denn das sein? War das Fernrohr etwa kaputt?

»Aber Benjamin«, sagte Otto lachend, »du hältst das Fernrohr ja verkehrt herum!«

Ja, so ist das nämlich: Wenn man ein Fernrohr verkehrt herum hält und dann die Sterne betrachtet, sind sie ganz weit weg. Noch viel weiter weg als sonst.

Benjamin setzte das Fernrohr ab, drehte es um und schaute wieder hindurch.

»Toll!«, staunte er, »jetzt ist alles ganz nah! Törööö!«

Nun guckte Otto durch das Fernrohr – und war auch ganz begeistert. Dann gab er es an Herrn Tierlieb weiter.

»Ach, Kinder, das ist urgemütlich: Sterne beobachten mit einer Kuscheldecke und einem Tässchen Kräutertee«, sagte Herr Tierlieb vergnügt. Er nahm wieder einen Schluck Tee, kuschelte sich tiefer in seine Decke und schaute durch das Fernrohr.

»Ob die Sterne schon mal jemand gezählt hat? Das sind ja wirklich unglaublich viele!«, überlegte er.

Und nun fing Herr Tierlieb doch tatsächlich an, die Sterne zu zählen. »Das da unten ist Nummer eins, daneben Nummer zwei, und … dann die

Nummer drei ...« Immer langsamer zählte Herr Tierlieb, und auf einmal war nur noch sein Schnarchen zu hören.

Benjamin und Otto sahen sich an und schmunzelten.

»Ho-ho, das Gute-Nacht-Paket war wirklich ein voller Erfolg!«, flüsterte Benjamin.

Vorsichtig schlichen die beiden sich aus dem Haus.

Und Herr Tierlieb? Der schlief seit langer Zeit mal wieder so richtig tief und fest.

Der Laternenräuber

Heute war Laternenfest im Zoo! Benjamin und Otto schmückten gemeinsam mit den Tieren die Zoowiese und hängten überall bunte Lampions auf.

»Noch ein Stück höher, Gerda!«, rief Benjamin. »Ja, an den obersten Ast. Dann kann man das Licht ganz weit sehen.«

Gerda Giraffe hielt mit den Zähnen eine große, runde Papierlaterne mit einem Mondgesicht. Sie reckte und streckte sich, dann hängte sie die Laterne an den obersten Ast des Baumes. Auch Alfons und Alina, die beiden Affenkinder, halfen beim Schmücken und kletterten von Ast zu Ast.

Otto rief ihnen zu, wo noch ein Lampion fehlte: »Weiter links, Alina. Ja, da ist es schön. Toll, Alfons. Und jetzt noch einen Lampion weiter oben!«

Winni Waschbär war vom Anblick der vielen Laternen ganz besonders begeistert und kam aus dem Staunen gar nicht mehr heraus. Am meisten hatte es ihm eine kleine, kugelrunde gelbe Laterne angetan. Die wollte er gar nicht mehr aus den Pfoten geben.

»Jetzt musst du deine Laterne aber loslassen, Winni«, erklärte ihm Benjamin. »Wir wollen sie aufhängen, damit jeder sie sehen kann.«

Damit war Winni einverstanden und gab Benjamin die Laterne. Der hängte sie an einem Pfahl auf, direkt neben dem Büfett mit den vielen Leckereien.

»Siehst du, Winni?«, sagte Benjamin. »Hier hat sie ein feines Plätzchen, nicht wahr?«

Inzwischen war die Sonne untergegangen, und überall leuchteten die bunten Laternen. Herr Tierlieb, der Zoodirektor, und Wärter Karl kamen auf die Wiese und staunten.

»Wunderbar! Ganz wunderbar habt ihr das gemacht!«, rief Herr Tierlieb begeistert, und Tierwärter Karl fand, dass die Zoowiese noch nie so schön ausgesehen hatte.

Auch die rasende Reporterin Karla Kolumna kam und war hellauf begeistert. Sie machte sofort Fotos für die Neustädter Zeitung.

»Sensationell!«, rief sie. »Oh, wer kommt denn da? Das ist doch Henry Hirsch! Nein, so was – entzückend!«

Henry sah wirklich bemerkenswert aus. Henriette und Hansi Hirsch hatten nämlich Laternen in sein Geweih gehängt. Das musste die Reporterin natürlich sofort fotografieren. Dann wollte Karla Kolumna unbedingt ein Foto von Benjamin und Otto machen.

»Herr Blümchen! Ottolein!«, rief sie, »Kommt doch bitte mal zu dieser reizenden kleinen Laterne da am Büfett!«

Benjamin und Otto stellten sich neben das Büfett. Doch Karla Kolumna musste erst noch den Film wechseln, dann schaute sie durch den Sucher ihres Fotoapparats.

»Bitte recht freundlich!«, rief sie. »Nanu? Sie ist ja weg. Wo ist sie denn hin?«

»Aber wir sind doch da, Frau Kolumna!«, antworteten Benjamin und Otto. Aber nein – die Reporterin hatte nicht Benjamin und Otto gemeint, sondern die kleine gelbe Laterne! Denn die war plötzlich verschwunden. Alle schauten sich um. Plötzlich rief Otto: »Benjamin! Guck mal, da drüben! Da hüpft ein Licht den Weg entlang!«

Tatsächlich! Ein gelbes Licht! Und es hüpfte ziemlich nah am Boden entlang. »Na, so was!«, staunte Benjamin. »Da ist ein kleiner Laternenräuber unterwegs! Kommt, den verfolgen wir.«

Benjamin, Otto und Karla liefen dem Licht hinterher, vorbei an den Gehegen von Kaja Kamel und Drago Dromedar. Doch dann war das gelbe Licht plötzlich weg.

»Ich bin ganz aus der Puste«, rief Karla, »wo ist der kleine Räuber denn jetzt geblieben?«

Nirgends war etwas von ihm zu sehen. Die drei beschlossen, getrennt nach ihm zu suchen. Benjamin kletterte über den Zaun vom Pinguin-Gehege. Er schaute in den Iglu, wo Peter Pinguins Kinder Paulchen, Peggy, Polly und Pit schon tief und fest schliefen.

»Nein, hier ist der Laternenräuber nicht«, sagte Benjamin leise. Währenddessen schaute Otto bei Swantje Schwan nach. Swantje war noch auf dem Laternenfest, und ihr Haus war leer.

»Hier hat sich der Räuber nicht versteckt«, stellte Otto fest.

Auch Karla Kolumna hatte in Flora Flamingos Gehege keinen Erfolg. Kurz darauf trafen sich die drei wieder auf dem Weg. Da bemerkte Benjamin am Haus von Winni Waschbär, Ringo Rotfuchs und Willi Wüstenfuchs einen schwachen Lichtschein.

»Jetzt weiß ich, wer der Laternenräuber ist«, sagte er lachend. »Winni Waschbär! Ihm hat die kleine gelbe Laterne doch so gut gefallen.«

Benjamin, Otto und Karla Kolumna schlichen zum Gehege. Und was sie dort sahen, war wirklich zu niedlich: Winni, Willi und Ringo hatten sich mit der gelben Laterne ein gemütliches Eckchen eingerichtet! Und da lagen sie jetzt alle drei, friedlich aneinandergekuschelt.

»Da muss ich doch gleich noch ein sensationelles Foto machen!«, flüsterte Karla Kolumna. Sie ging vorsichtig näher und knipste.

Winni Waschbär öffnete ein Auge, blinzelte schläfrig und gähnte.

Und Benjamin? Der schmunzelte. »Ho-ho!«, sagte er leise. »Gute Nacht, ihr drei. Schlaft schön, und träumt was Schönes! Törööö!«

Der Mann im Mond

An einem schönen, warmen Sommerabend lagen Benjamin und Otto auf der Zoowiese und betrachteten den Mond. Heute schien er ganz besonders hell am hohen, dunklen Nachthimmel.
»Benjamin, ist dir schon mal aufgefallen, dass im Mond ein Mann zu sehen ist?«, fragte Otto seinen Freund.
Benjamin schüttelte den Kopf. Nein, das war ihm noch nicht aufgefallen.
»Ein Mann?«, wiederholte er. »Wo soll der denn sein?«
Otto versuchte, seinem Freund den Mann im Mond zu beschreiben, aber Benjamin konnte ihn einfach nicht entdecken.
»Nein, Otto«, sagte Benjamin schon ganz müde, »ich sehe da gar nichts. Ich bin auch auf einmal so müde und …«
Benjamin stutzte. »Nanu? Was ist denn das?«
Plötzlich sah Benjamin doch eine Gestalt im Mond. Einen alten Mann mit einem lieben, runden Gesicht und einer Laterne in der Hand.
»Guten Abend«, sagte der alte Mann, »darf ich mich vorstellen? Ich bin der Mann im Mond.«
Das gab es doch nicht! Jetzt sprach er auch noch! Benjamin war ganz aufgeregt.
»Otto, ist das nicht toll?«, rief er. »Der Mann im Mond … Otto?«

Na, so was, Otto schlief ja!
Da war nichts zu machen, Otto schlief tief und fest. Benjamin wandte sich wieder dem Mann im Mond zu.

»Guten Abend, Herr Mann im Mond«, sagte er. »Ich bin Benjamin Blümchen. Ich finde es toll, dass ich Sie jetzt sehen kann.«

Der Mann im Mond lächelte. »Das ist schön, dabei bin ich mit meiner Laterne doch gar nicht zu übersehen. Die mache ich jeden Abend an, damit es immer schön hell ist.«

Das fand Benjamin wirklich sehr nett von ihm. Doch dann sah er plötzlich, dass der alte Mann auf einmal ganz traurig vor sich hin schaute.

»Aber … was haben Sie denn? Geht es Ihnen nicht gut?«, fragte Benjamin ihn vorsichtig.

Der Mann im Mond seufzte. »Ach, wissen Sie, Herr Blümchen, ich habe fast keinen Mondblütensirup mehr. Die Mondbienen hatten einen Schnupfen und konnten keinen Sirup sammeln.«

Mondblütensirup? Davon hatte Benjamin noch nie etwas gehört.

»Ach du meine Güte!«, rief er. »Wofür brauchen Sie denn diesen Sirup, lieber Mann im Mond?«

»Nun, ohne Mondblütensirup leuchtet meine Lampe nicht«, erklärte der alte Mann.

»Auweia!«, sagte Benjamin. »Dann wird es auf dem Mond ja bald ganz dunkel und hier unten auf der Erde in der Nacht auch!«

Schade, dass Benjamin keinen Mondblütensirup hatte! Was konnte man da bloß tun? Benjamin überlegte. »Gehen vielleicht auch Kamillenblüten?«, fragte er schließlich den Mann im Mond. »Die wachsen nämlich hier überall auf der Zoowiese.«

»Hm. Warum nicht? Wir sollten das mal probieren!«, antwortete der Mann im Mond und ließ sofort ein Körbchen an einem langen Seil herunter.

Benjamin pflückte auf der Wiese einige Kamillenblüten und legte sie hinein. Der alte Mann zog den Korb zu sich hinauf und streute die Blüten in seine Lampe.

Zunächst geschah nichts. Doch dann …

»Oh weh!«, rief der Mann im Mond. »Das sieht gar nicht gut aus!« Seine Lampe flackerte und zischte – und dann ging sie fast aus.

Schließlich beruhigte sie sich wieder, brannte aber nur noch mit einer winzigen Flamme.

»Auweia!«, rief Benjamin zu ihm hinauf. »Ich kann Sie fast nicht mehr sehen, Herr Mann im Mond!«

»Das geht mir auch so, Herr Blümchen!«, rief der Mann im Mond herunter. »Bei Ihnen ist es auch ganz dunkel!«

Jetzt brauchte Benjamin unbedingt ein Zuckerstückchen, um besser nachdenken zu können. Zum Glück hatte er noch ein paar in seiner Jackentasche.

»Möchten Sie auch ein Zuckerstückchen, Herr Mann im Mond?«, fragte Benjamin.

Der alte Mann sagte nicht Nein, ließ sich eins in sein Körbchen legen und zog es zu sich herauf.

»Hmmm …«, tönte es vom Mond herunter, »das ist aber lecker! Und so süß!«

Da hatte Benjamin plötzlich eine Idee:

»Herr Mann im Mond!«, rief er aufgeregt. »So ein Sirup ist doch sehr süß und … der Mondblütensirup sicher auch. Wenn man nun süße Zuckerstückchen zu den Kamillenblüten geben würde …?«

Der Mann im Mond ließ noch einmal sein Körbchen herunter. Benjamin legte alle Zuckerstückchen hinein, die er noch in seiner Jackentasche hatte. Als der Mann im Mond dann ein paar Zuckerstückchen in die Lampe zu den Kamillenblüten gab, erstrahlte sie sofort wieder in hellem Licht.

»Sie leuchtet!«, jubelte Benjamin. »Sie leuchtet! Törööö!«

In diesem Moment wurde Benjamin auf einmal von jemandem heftig gerüttelt. »Benjamin, was ist denn los?«, fragte eine Stimme. »Wer leuchtet?«

Es war Otto!

Benjamin war völlig durcheinander. »Wo ist denn der Mann im Mond?«, stammelte er. »Und das Licht? Und was ist mit der Lampe?«

»Benjamin, du hast ja geträumt!«, sagte Otto zu seinem Freund. »Ich glaube, wir gehen jetzt besser ins Bett.«

Da hatte Otto wohl recht. Bevor die zwei aber ins Haus gingen, sah Benjamin noch einmal zum Mond hinauf.

»Schön, dass es jetzt wieder so hell ist«, sagte er. »Passen Sie gut auf Ihre Lampe auf, Herr Mann im Mond. Gute Nacht!«

Der Schlafbaum

In dieser Sommernacht war es wirklich unerträglich heiß. Benjamin und Otto konnten nicht einschlafen und wälzten sich unruhig im Bett hin und her.
»Benjamin, kannst du nicht das Fenster aufmachen?«, fragte Otto.
Das war eine gute Idee. Benjamin stand auf und öffnete das Fenster.
»Ah!« Benjamin atmete tief durch. »Die Luft draußen ist wirklich viel besser. Jetzt werden wir bestimmt gut schlafen, Otto.«
Doch da hatte Benjamin sich getäuscht. Zwar hörten die beiden Freunde draußen den Wind in den Bäumen rauschen, aber drinnen im Haus blieb es leider genauso heiß und stickig wie zuvor.
»Oh, das klingt aber gemütlich draußen«, sagte Benjamin. »Wenn wir hier drin so einen kühlen Windhauch hätten, wäre das toll!«
Das fand Otto auch. Nur, wie sollten sie den Windhauch hier hereinbekommen?
Da hatte Otto eine Idee.

»Hast du vielleicht einen Ventilator?«, fragte er seinen Freund.
Ja, Benjamin hatte einen, daran konnte er sich ganz genau erinnern. Aber wo? Benjamin überlegte.
»Jetzt weiß ich's«, sagte er dann. »In der alten Truhe!«
Benjamin zog unter einigem Gerümpel den Ventilator hervor. Er schloss ihn an die Steckdose an und schaltete ihn ein.
»Ho-ho!«, lachte Benjamin »Er funktioniert. Jetzt wird es bestimmt angenehm kühl.«
Ja, ein bisschen kühler wurde es, aber einschlafen konnten die beiden Freunde trotzdem nicht.
»Benjamin, der Ventilator macht ja einen fürchterlichen Lärm«, sagte Otto nach einer Weile.
»Stimmt«, sagte Benjamin. »Aber vielleicht gewöhnen wir uns daran.«
Doch schon nach wenigen Minuten konnten die zwei den Krach nicht mehr ertragen, und Benjamin schaltete den Ventilator wieder aus.
»Jetzt ist es zwar wieder heiß, aber wenigstens leise«, sagte er.
»Und wenn wir etwas finden würden, das nicht so einen Krach macht wie der Ventilator?«, überlegte Otto.
Benjamin erinnerte sich, dass in der Truhe auch ein Fächer war. Er stand wieder auf und holte ihn.
»So, Otto«, sagte er, »jetzt fächele ich dir ein bisschen Luft zu.«
Mmmh! Das fand Otto herrlich, und er wurde auch gleich sehr müde. Doch dann fiel ihm etwas auf.
»Benjamin«, sagte er, »wenn du mir Luft zufächelst, kann ich zwar einschlafen, aber du nicht.«
Stimmt! Das war wirklich ein bisschen unfair. Aber umgekehrt wäre es genauso.

»Wenn du mir Luft zufächelst, kannst du nicht einschlafen«, meinte Benjamin. »Das geht auch nicht.«

Benjamin legte den Fächer beiseite. »Komm, Otto«, sagte er, »wir setzen uns ans Fenster. Da können wir zwar nicht schlafen, aber da ist es schön kühl.«

Benjamin und Otto rückten zwei Stühle nah ans Fenster und setzten sich. Ja, hier war es viel angenehmer. Sie schlossen die Augen und atmeten tief ein. Als Otto die Augen wieder öffnete, wunderte er sich. Was war das für ein Schatten auf der Zoowiese? Er zeigte ihn Benjamin.

»Das ist doch Erna Eisbär!«, staunte Benjamin. »Wo will sie denn so spät in der Nacht hin?«

Und dort, weiter hinten, war ja noch ein Schatten – ein sehr langer Schatten! Der sah doch ganz nach Gerda Giraffe aus!

»Benjamin, hier kommen überall die Tiere aus ihren Gehegen«, sagte Otto. »Ich glaube, sie gehen zum Zoosee!«

»Zum Zoosee?« Benjamin überlegte. »Da ist es bestimmt schön kühl. Komm, Otto, wir gehen auch dahin und schlafen einfach draußen im Freien!«

Benjamin und Otto nahmen eine Picknickdecke, dann folgten sie den Tieren über die Wiese.

Doch Benjamin und Otto hatten sich getäuscht.

»Sieh mal, Benjamin«, wunderte sich Otto, »die Tiere gehen gar nicht zum Zoosee! Sie gehen alle zur großen Eiche!«

»Tatsächlich!«, staunte Benjamin. »Unsere alte Eiche! Wie schön sie im Nachtwind rauscht!«

Alle hatten sich unter der alten Eiche versammelt: die Eisbärfamilie, die Giraffen, die Pandabären, die Robben, die Nashörner. Und zwischen ihnen saßen der Zoodirektor Herr Tierlieb und Tierwärter Karl.

»Benjamin, Otto, kommt her!«, rief Herr Tierlieb den beiden Freunden zu. »Hier ist es herrlich!«

Benjamin und Otto suchten sich ein schönes Plätzchen. Und dann wollten sie natürlich wissen, warum Herr Tierlieb und Wärter Karl hier waren.

»Herr Tierlieb und ich konnten wegen der Hitze nicht einschlafen«, erklärte Karl. »Und deshalb sind wir den Tieren gefolgt.«

Ja, unter den weit ausladenden Ästen der Eiche war es angenehm kühl,

und das Rauschen der Blätter war wirklich wunderbar beruhigend. Herr Tierlieb streckte sich und gähnte, Robby Robbe blinzelte schläfrig, und die Eisbären schnarchten bereits. Otto kuschelte sich an Benjamins Bauch und schlief sofort tief und fest.

»Na, dann: Gute Nacht, liebe Freunde«, sagte Benjamin leise. »Schlaft gut. Törööö!«

Die kleine Fledermaus

Eines Abends saßen Benjamin und Otto gemütlich in Benjamins Haus zusammen und tranken einen Gute-Nacht-Kakao. Draußen war gerade die Sonne untergegangen, und die beiden Freunde betrachteten den leuchtend roten Abendhimmel. Plötzlich wurden sie von einem Geräusch aufgeschreckt.
»Auweia, Otto. Da ist etwas gegen die Fensterscheibe geflogen!«, rief Benjamin aufgeregt. »Komm, wir sehen mal nach.«
Ob das ein Vogel war? Hoffentlich war dem Armen nichts passiert.
»Schau mal, Benjamin. Es ist eine kleine Fledermaus«, sagte Otto.
Und tatsächlich! Draußen auf der Fensterbank saß das Tierchen und sah sich benommen um.
Benjamin öffnete das Fenster. »Komm her, du Fledermäuschen«, sagte er sanft, »ich nehme dich auf meinen Rüssel. Hab keine Angst.«
Die kleine Fledermaus zitterte ein bisschen. Doch Benjamin konnte sie beruhigen, und schließlich ließ sie sich sogar von Otto streicheln.
Trotzdem schaute sie noch immer etwas benommen, und fliegen konnte sie wohl auch nicht.
»Am besten, wir lassen sie von Herrn Tierlieb untersuchen«, meinte Otto. »Vielleicht hat sie sich einen Flügel gebrochen.«
Besorgt machten sich die beiden Freunde auf den Weg zum Zoodirektor. Nachdem sie ihm alles erzählt hatten, nahm Herr Tierlieb die kleine Fledermaus in die Hand und tastete sie behutsam ab.
»Mit dem linken Flügel ist alles in Ordnung«, sagte er. »Und der rechte?«
Als Herr Tierlieb mit der Untersuchung fertig war, atmete er auf.

»Die kleine Fledermaus hat Glück gehabt. Der rechte Flügel ist nur ein bisschen verstaucht.«
Benjamin machte sich trotzdem Sorgen. »Ja, aber ... was machen wir denn jetzt mit ihr?«, fragte er.
»Sie braucht nur ein bisschen Wärme«, beruhigte ihn Herr Tierlieb. »Dann geht es ihr morgen bestimmt schon viel besser.«
Erleichtert gingen Benjamin und Otto zurück in Benjamins Haus. Jetzt blieb nur die Frage, wo die kleine Fledermaus schlafen sollte.
»Wie wär's mit einem kleinen Körbchen?«, schlug Benjamin vor, doch Otto schüttelte den Kopf.
»Fledermäuse hängen doch beim Schlafen mit dem Kopf nach unten«, erklärte er seinem Freund, »an einem Ast oder an einem Balken.«
Stimmt! Nur – einen Ast oder Balken hatte Benjamin nicht in seinem Zimmer. Doch da kam ihm eine Idee. »Otto, weißt du was?«, sagte er. »Wir spannen eine Schnur über mein Bett. Da kann sich die kleine Fledermaus dranhängen. Und in der Nacht ist sie ganz nah bei mir.«
So machten es die beiden. Als Benjamin der Fledermaus die Schnur zeigte, klammerte sie sich gleich mit ihren Füßen daran fest und schlief augenblicklich kopfüber ein.
Am nächsten Nachmittag besuchte Otto wieder seinen Freund Benjamin. Als er das Elefantenhaus betrat, verschlug es ihm die Sprache: Benjamin lief vor der kleinen Fledermaus, die noch immer kopfüber an der Schnur hing, auf und ab und machte merkwürdige Armbewegungen. »Komm, kleine Fledermaus! Mach mit!«, rief er. »Flapp, flapp! Flapp, flapp!«
»Benjamin, was machst du denn da?«, fragte Otto.
Benjamin blieb etwas atemlos stehen. »Ach, Otto«, sagte er und seufzte, »die kleine Fledermaus will einfach nicht fliegen.«

Das war seltsam. Eigentlich sah sie heute viel besser aus!
»Was ist bloß los mit ihr?«, rätselte Otto.
Auch Benjamin war ratlos. »Ich weiß es nicht, Otto«, sagte er besorgt. »Vielleicht gehen wir besser noch einmal zu Herrn Tierlieb.«
In diesem Augenblick wurde die kleine Fledermaus munter. Sie ließ die Schnur über dem Bett los und flog zum Fenster. Draußen war schon die Abenddämmerung hereingebrochen, und über der Zoowiese flatterten viele andere Fledermäuse. Nun begriffen Benjamin und Otto.
»Unsere kleine Fledermaus ist doch ein Nachttier«, sagte Otto. »Klar, dass sie am Tag nicht fliegen wollte.«
»Und jetzt sind da draußen bestimmt ihre Eltern, die sich Sorgen um sie machen«, vermutete Benjamin.
Er ging zum Fenster und öffnete es. Die kleine Fledermaus flatterte noch einmal um Benjamins und Ottos Kopf, dann flog sie hinaus auf die Zoowiese.
»Schau mal«, sagte Otto »die zwei Fledermäuse haben schon auf sie ge-gewartet.« Genau so war es. Benjamin und Otto winkten ihnen hinterher.
»Auf Wiedersehen, kleine Fledermaus!«, rief Benjamin.

»Alles Gute!
Und pass auf, dass du nicht
wieder gegen eine Scheibe fliegst.«

Familie Sandmann

Nach einem ereignisreichen Tag im Zoo war es für Benjamin und Otto schließlich Zeit, ins Bett zu gehen. Die beiden verabschiedeten sich voneinander, und Otto wünschte Benjamin eine gute Nacht.
»Tschüss, Benjamin!«, sagte Otto. »Und lass dir süße Träume von Familie Sandmann bringen!«
Benjamin schmunzelte: Familie Sandmann – die gab es doch gar nicht! Er legte sich ins Bett und kuschelte sich in sein Kissen.
Eigentlich schade, dass es Familie Sandmann nicht gibt, dachte Benjamin und musste gähnen.
Dann, plötzlich, glaubte er, etwas zu hören. Weinte da nicht jemand draußen vor seinem Haus?
»Da ist aber jemand furchtbar traurig«, sagte er leise zu sich selbst. »Ich seh mal nach, vielleicht kann ich ihn trösten.«

Benjamin stand auf und ging hinaus. Verwundert rieb er sich die Augen: Auf der Zoowiese saßen ein Mann und eine Frau mit einem kleinen Mädchen. Alle drei trugen Zipfelmützen und dunkelblaue Umhänge mit goldenen Sternen darauf.

»Guten Abend«, sagte Benjamin erstaunt. »Ich bin Benjamin Blümchen. Kann ich Ihnen helfen?«

»Wir sind die Familie Sandmann«, antwortete der Mann. »Lieb von Ihnen, dass Sie fragen. Aber ich fürchte, uns ist nicht zu helfen!«

Vater Sandmann erzählte, dass ihnen der Schlafsand ausgegangen war. Mit dem brachten sie den Kindern sonst die süßen Träume.

»Der Sand kommt von der Insel Sim-Sand-la-Bim«, erklärte Mutter Sandmann. »Kapitän Sandro Sandsegel bringt ihn immer mit seinem Schiff Sandrella. Aber diesmal ist das Schiff ohne Kapitän Sandsegel angekommen, und an Bord war nicht das kleinste Körnchen Sand.«

Benjamin überlegte.

»Dann müssen wir nach Sim-Sand-la-Bim segeln und nachsehen, was da passiert ist«, schlug er vor.

»Das könnten wir schon tun«, sagte Vater Sandmann. »Die Sandrella findet den Weg auch allein. Aber wir Sandmänner sind keine Seemänner. Wir können nicht mal schwimmen!«

»Aber Papa!«, schluchzte Tochter Sandmann. »Dann bekommen wir nie wieder neuen Sand. Und die Kinder haben keine süßen Träume mehr!«

Doch da wusste Benjamin sofort Rat. Die Sandmänner waren vielleicht keine Seemänner – aber Elefanten schon! Er war schließlich schon oft zur See gefahren!

»Kapitän Blümchen bringt alle sicher nach Sim-Sand-la-Bim!«, rief er. »Auf zur Sandrella!«

Das Segelschiff lag nicht weit vom Zoo in einer versteckten Bucht des Flusses Triller, der durch Neustadt floss. Benjamin und Familie Sandmann lichteten sofort die Anker und segelten los. Sie fuhren die Triller hinunter und dann hinaus aufs offene Meer. Es wurde eine ruhige Fahrt; schnell glitt die Sandrella über die Wellen dahin.
Mutter Sandmann hielt im Ausguck an der Mastspitze Ausschau. Schon nach wenigen Stunden hörte Benjamin sie rufen: »Sand in Sicht! Wir erreichen Sim-Sand-la-Bim!«
Benjamin steuerte den Hafen an. Vater Sandmann hatte mit seinem Fernrohr Kapitän Sandsegel bereits entdeckt.
»Er schläft auf einem Berg von Sandsäcken!«, rief er. »Na, so was!«
Die Sandrella legte an, und Benjamin und Familie Sandmann gingen von Bord.

Kapitän Sandsegel lag ruhig da, lächelte glücklich im Schlaf und schien etwas Schönes zu träumen. Vater Sandmann rüttelte und schüttelte ihn, doch der Kapitän schlief wirklich tief und fest!

»Ich weiß schon, wie ich ihn wieder wach kriege«, sagte Benjamin und holte tief Luft: »Törööö!«

Es klappte: Kapitän Sandsegel schreckte aus dem Schlaf auf. Zuerst wusste er gar nicht, wo er war, doch dann erinnerte er sich wieder an alles: Er hatte sich auch einmal den berühmten Sandmann-Sand ansehen wollen. Dabei war ihm unglücklicherweise ein Körnchen ins Auge geraten, und er war sofort eingeschlafen.

»Die Sandrella muss sich irgendwie losgerissen haben«, erklärte ihm Mutter Sandmann, »und ist ohne Sie nach Neustadt gesegelt!«

Aber nun schlief Kapitän Sandsegel zum Glück ja nicht mehr und konnte der Familie Sandmann wieder neuen Sand bringen.

»Und die Kinder haben wieder süße Träume«, rief Tochter Sandmann und strahlte übers ganze Gesicht. »Hurra!«

Auch Benjamin jubelte. Jetzt war alles wieder gut!

Kapitän Sandsegel brachte Benjamin sicher nach Neustadt zurück. Ganz erschöpft von seinem Ausflug legte Benjamin sich zu Hause in sein Bett.

»Jetzt können heute Nacht alle Kinder wie immer träumen«, sagte er und seufzte zufrieden

Aber wie sollte Benjamin denn jetzt bloß einschlafen, nach so einem Abenteuer? Plötzlich sah er, dass an der Tür ein kleines Mädchen stand. Es hatte eine Zipfelmütze auf dem Kopf und trug einen dunkelblauen Umhang mit goldenen Sternen darauf.

»Tochter Sandmann!«, freute sich Benjamin. »Hilfst du mir, wieder einzuschlafen?«

Ehe Benjamin sichs versah, hatte Tochter Sandmann eine Handvoll Schlafsand aus ihrem Umhängebeutel genommen. Sie warf die glitzernden Körnchen in die Luft, und schon fielen Benjamin die Augen zu. »Vielen Dank für deine Hilfe, lieber Benjamin«, sagte Tochter Sandmann leise. »Schlaf jetzt gut, denn das war alles ein wunderschöner Traum!«

Quaki Quakfroschs Nachtmusik

Jeden Abend sang der kleine grüne Quakfrosch Quaki im Zoo sein Gute-Nacht-Lied. Benjamin und Otto freuten sich immer sehr darauf und lauschten oft seinem Gesang.
Auch heute saßen sie wieder am Ufer des Zoosees und warteten auf Quakis Auftritt.
»Da drüben kommt er angehüpft!«, rief Benjamin. »Jetzt klettert er auf seinen Lieblingsstein.«
»Endlich!«, sagte Otto. »Dann fängt er sicher gleich an zu singen.«
Quakis Lieblingsstein stand am Ende des Zoosees, wo der kleine Frosch einen weiten Blick über das Wasser hatte. Jetzt war Quaki oben angekommen und holte tief Luft.
»Quaaak! Quaaak! Quaaak!«, sang er.
»Wie schön das klingt«, schwärmte Benjamin. »So lustig und fröhlich.«
Das fand Otto auch. Doch leider fanden nicht alle Quakis Nachtmusik so schön wie Benjamin und Otto.

Plötzlich hörten die beiden Freunde eine laute Stimme.
»Ist da drüben bald mal Ruhe?«, rief ihr Nachbar, Baron von Zwiebelschreck. »Dieser Lärm ist ja nicht zum Aushalten!«
Mit hochrotem Kopf schaute der Baron über die Zoomauer zu ihnen herüber. Er schien wirklich sehr verärgert.
»Aber Herr Baron!«, erklärte Benjamin ihm. »Das ist kein Lärm – sondern Quaki Quakfroschs Nachtmusik!«
Doch Baron von Zwiebelschreck war ganz anderer Meinung. »Musik nennen Sie das? Für mich ist das nichts weiter als Radau!«, schimpfte er und verlangte, dass der kleine Quakfrosch sofort mit dem Quaken aufhörte. »Ich will in aller Ruhe den Sommerabend auf meiner Terrasse genießen. Diese Störung kann ich nicht dulden!«
Benjamin und Otto wollten keinen Streit mit dem Baron. Deshalb machten sie dem kleinen Quaki einen Vorschlag.
»Komm, Quaki! Wir gehen lieber ans andere Ufer des Zoosees«, sagte Benjamin. »Da hört dich der Baron nicht.«
»Quak!«, antwortete Quaki, und Benjamin wusste, das bedeutete so viel wie »Na gut!«.
Benjamin beugte sich zu Quaki hinab, und der kleine Quakfrosch hüpfte auf seinen Arm. Dann gingen Benjamin und Otto mit Quaki zum anderen Ufer hinüber.
»So! Hier kannst du so laut singen, wie du möchtest, Quaki!«, sagte Otto.
Quaki sah sich um und schien auf einmal ganz traurig.
»Vielleicht vermisst Quaki seinen Lieblingsstein?«, überlegte Benjamin. »Von dem aus konnte er immer so schön auf das Wasser gucken.«
Benjamin hatte recht: Ohne seinen Lieblingsstein hatte Quaki einfach keine Freude mehr am Quaken!

Und der Baron, war er denn jetzt zufrieden? Inzwischen war er ins Bett gegangen, doch er schlief noch nicht. Unruhig wälzte er sich hin und her. »Das verstehe ich nicht«, brummte er. »Es ist doch jetzt so schön still. Warum kann ich denn nicht einschlafen?«

Eine lange Nacht verging, in der Baron von Zwiebelschreck kein Auge zumachte.

Auch Benjamin und Otto schliefen nicht gut. Sie mussten immerzu an den traurigen Quaki denken. Am nächsten Abend gingen sie wieder zum anderen Ufer des Zoosees.

»Unser Quaki ist auch da«, sagte Benjamin. »Aber er will nicht singen!«

Benjamin und Otto setzten sich neben den kleinen Quakfrosch und waren jetzt ebenfalls ganz traurig.

»Ohne Quaki Quakfroschs Nachtmusik ist es abends gar nicht mehr so schön am Zoosee«, sagte Otto.

Benjamin fand das auch.

Schweigend guckten die drei aufs Wasser.

Plötzlich sahen sie, wie jemand vom Zooeingang zu ihnen herüberkam. Es war Baron von Zwiebelschreck!

»Nanu, Herr Baron!«, rief Benjamin. »Wie sehen Sie denn aus? Ganz müde und erschöpft.«

Seufzend erzählte Baron von Zwiebelschreck, dass er die ganze Nacht kein Auge zugemacht hatte. Erst hatte er sich gefragt, warum er nicht einschlafen konnte. »Aber jetzt weiß ich, was mich so gestört hat«, sagte er. »Die Stille!«

Der Baron erklärte, dass es ihm einfach zu ruhig gewesen war. Ihm hatte etwas gefehlt: Quaki Quakfroschs Nachtmusik!

»Quaki muss unbedingt wieder auf seinem alten Platz singen!«, sagte der Baron.

Da nahm Benjamin den kleinen Quakfrosch vorsichtig auf seinen Arm, und alle gingen zum anderen Ufer des Sees hinüber.

»So, Quaki, jetzt bist du wieder auf deinem Lieblingsstein«, sagte Benjamin und setzte Quaki sanft ab. »Und du darfst singen – so laut du möchtest!«

Sofort stimmte Quaki sein Lied an, und Benjamin und Otto hörten ihm glücklich zu.

Baron von Zwiebelschreck kehrte zu seiner Villa zurück. Er setzte sich gar nicht erst auf seine Terrasse, sondern ging gleich ins Bett. Durch das offene Fenster hörte er Quakis Gesang: »Quaaak! Quaaak! Quaaak!«

Der Baron gähnte, und schon fielen ihm die Augen zu.

»Was für eine wundervolle Gute-Nacht-Musik …«, murmelte er glücklich und zufrieden.

Und dann war nur noch sein Schnarchen zu hören.

Die Traumfeen-Königin Karolila

Benjamin hatte einen schönen Traum: Er befand sich auf einer Lichtung tief im Wald, und mitten auf der Lichtung stand ein wunderschönes Märchenschloss mit weißen Türmen und Mauern.
»Das ist ja ein hübsches Schloss!«, staunte er. »Wer da wohl drin wohnt?«
»Ich, Herr Blümchen – die Traumfeen-Königin Karolila – mit all den anderen Traumfeen.«
Verdutzt sah Benjamin sich um. Eine Fee mit zarten lila Flügeln schwebte über die Lichtung auf ihn zu. Auf dem Kopf trug sie eine Krone, und in der Hand hielt sie einen glitzernden Feenstab. Die Königin kam Benjamin bekannt vor – sie sah irgendwie aus wie Frau Kolumna!
»Gut, dass Sie da sind, Herr Blümchen«, sagte die Fee Karolila. »Ich brauche dringend Ihre Hilfe!«
Sie erzählte, dass die Traumfeen in ihrem Schloss die bunten Kinderträume behüteten. Doch seit einiger Zeit waren diese Träume spurlos verschwunden. »Stellen Sie sich vor, Herr Blümchen: Nun können die Kinderchen nicht mehr träumen!« Karolila war richtig verzweifelt.

»Das ist ja schrecklich!«, rief Benjamin. »Wir müssen die Träume unbedingt wiederfinden!«

Benjamin wollte sofort mit der Suche beginnen. Er begleitete Karolila in ihr Schloss und sprach dort mit dem Schlossverwalter.

Der Verwalter war ein ziemlich griesgrämiger Mann namens Zwiebelius von Zwack und erinnerte Benjamin irgendwie an den Baron von Zwiebelschreck.

»Wie? Wo die Träume hin sind, wollen Sie wissen?«, brummte Zwiebelius von Zwack. »Weiß ich doch nicht! Sie sind weg. Auf Nimmerwiedersehen.«

Doch so leicht gab Benjamin sich nicht zufrieden. Irgendwo mussten die Träume doch sein!

Da wurde der Schlossverwalter richtig ungehalten. »Dieser ganze Traum-Schnickschnack interessiert mich sowieso nicht«, schimpfte er. »Ich habe Wichtigeres zu tun!« Er ging davon und ließ Benjamin einfach stehen.

Kurz darauf erkundigte sich Karolila, ob Benjamin schon etwas herausgefunden hatte.

»Leider nein«, sagte Benjamin, »aber dieser Herr von Zwack ist so komisch. Ich glaube, er findet es gar nicht schlimm, dass die Träume weg sind.«

Die Fee Karolila überlegte. »Sie meinen, er hat etwas mit dem Verschwinden zu tun?«, fragte sie. »Das wäre sensatio– … äh … unerhört!«

Wenig später ging Zwiebelius von Zwack die Wendeltreppe zu seinem Turmzimmer hinauf. Benjamin und Karolila folgten ihm heimlich. Sie sahen, wie der Schlossverwalter sein Zimmer betrat und seinen Kleiderschrank einen Spalt weit öffnete. »Ha-ha!«, lachte er, »ihr unordentlichen Träume! Bleibt schön da drin!«

So was! Der Schlossverwalter hatte doch tatsächlich die Kinderträume in seinen Schrank gesperrt!

Karolila stellte ihn sofort zur Rede. Und der Schlossverwalter wurde mit einem Mal ganz kleinlaut. »Verzeihung, Frau Königin«, sagte er. »Aber diese Träume haben immer alles durcheinandergebracht. Und ich kann Unordnung doch nicht ausstehen!«

Das war aber noch nicht alles. Zwiebelius von Zwack erzählte, dass er selbst nie Träume hatte. Deshalb konnte er sich auch nicht vorstellen, dass das Träumen so schön war.

»Aber mein liebes Zwackelchen«, sagte Karolila zu ihm. »Warum haben Sie das denn nicht früher gesagt?«

Sie hob ihren Feenstab und schwang ihn dreimal hin und her. »Feentanz und Schabernack, Träume her für Herrn von Zwack!«, hauchte sie mit magischer Stimme. Die Spitze des Stabes leuchtete hell auf – und auf einmal lächelte Herr von Zwack! Er ließ sich auf sein Federbett plumpsen, und die Augen fielen ihm zu. Ganz glücklich sah er jetzt aus.

»Ein Traum, ein richtiger Traum!«, murmelte Zwiebelius von Zwack glücklich. »Wie wundervoll!«

Dann war nur noch sein gleichmäßiges Schnarchen zu hören.

Nun öffnete Benjamin die Schranktür. Die bunten Träume schwirrten heraus und sausten fröhlich um ihn herum.

»Schnell, schnell, liebe Träume!«, rief Benjamin ihnen zu. »Fliegt zu den Kindern, damit sie wieder gut schlafen können!«

Plötzlich wurde es Benjamin ganz schwindelig: Die Feenkönigin war auf einmal verschwunden, und stattdessen saß Karla Kolumna, die rasende Reporterin, vor ihm!

»Herr Blümchen!«, sagte Karla. »Sie sind doch nicht etwa eingeschlafen?«

»Eingeschlafen? Ich?«, stotterte Benjamin. »Wann denn? Und wobei?«

Benjamin schaute sich um und sah, dass er auf der Zoowiese lag. Auch Otto und Stella waren da.

»Stimmt ja! Wir wollten uns jeden Abend unsere Lieblingsmärchen vorlesen!«, fiel ihm wieder ein. »Heute waren Sie mit einem Feenmärchen dran, Frau Kolumna.« Und über diesem Märchen war Benjamin eingeschlafen. Deswegen hatte er das meiste davon verpasst.

»Dafür habe ich ein anderes Märchen geträumt«, sagte er. »Ein Märchen von einem Feenschloss und bunten Kinderträumen.«

Das wollte Benjamin aber erst am nächsten Abend erzählen. Denn jetzt war es höchste Zeit fürs Bett.

Gute Nacht und Törööö!

Die kleine freche Sternschnuppe

Es war ein warmer Sommerabend im Neustädter Zoo. Benjamin sah aus dem Fenster seines Elefantenhauses und betrachtete den wolkenlosen Sternenhimmel. »Oh, ist das schön. Wie hell die Sterne funkeln!«, sagte er. Auf einmal fiel ihm ein Stern auf, der heller leuchtete als alle anderen. Und nicht nur das: Plötzlich bewegte sich der Stern! Mit einem langen Schweif zog er über den Nachthimmel.

»Das ist ja eine Sternschnuppe!«, rief Benjamin aufgeregt. »Dann kann ich mir etwas wünschen!«

Da hatte Benjamin recht: Wenn man eine Sternschnuppe sieht, darf man sich etwas wünschen. Aber man soll niemandem seinen Wunsch verraten – sonst geht er nicht in Erfüllung.

Doch Benjamin kam nicht dazu, sich etwas zu wünschen, denn die Sternschnuppe hörte gar nicht mehr auf zu leuchten! Sie zog weiter und weiter über den Himmel.

»Nanu, sie kommt ja immer näher …«, staunte Benjamin, »… und näher – und jetzt … Auweia!«

Da war die Sternschnuppe doch tatsächlich mit einem »Plumps« mitten auf der Zoowiese gelandet! Hoffentlich hatte sie sich nichts getan. Benjamin lief schnell aus dem Haus und sah in einiger Entfernung ein Leuchten im Gras. Tatsächlich: Da lag die Sternschnuppe! Vorsichtig hob Benjamin sie mit seinem Rüssel auf. Plötzlich wurde die Sternschnuppe ganz munter und fing an zu summen: »Bsss! Bssssss!«

»Ho-ho«, lachte Benjamin, »das kitzelt ja!«

Ganz vorsichtig trug Benjamin sie auf seinem Rüssel ins Haus und überlegte, wo er ihr ein schönes, kuscheliges Plätzchen einrichten könnte. Doch die Sternschnuppe hatte sich offenbar schon genug ausgeruht. Sie schwebte von Benjamins Rüssel und flog neugierig im Raum umher. Benjamin setzte sich in seinen gemütlichen Sessel und sah ihr zu.
»Na, kleine Sternschnuppe! Gefällt dir mein Zuhause?«, fragte Benjamin.
»Bsss, bsssss!«, antwortete die Sternschnuppe fröhlich.
Benjamin lachte. »Bsss..., bsss..., das heißt wohl auf Sternschnuppisch ›Ja‹!« Aber was machte die Sternschnuppe denn jetzt – sie hatte die Lampe auf Benjamins Kommode entdeckt und flog im Kreis um sie herum. Wieder und wieder. »Vorsicht«, rief Benjamin, »sonst wird dir noch schwindelig!« Die Sternschnuppe kicherte und ... Aber das gab es doch nicht: Die Lampe fing an zu schweben! Und das war nicht alles. Die Sternschnuppe kreiste um die Kommode, und diese erhob sich ebenfalls in die Luft.
»Ja, aber ...« Benjamin traute seinen Augen nicht. »Du kannst doch hier nicht alles durcheinanderbringen, kleine Sternschnuppe!«
Benjamin wurde das zu bunt. Seine Waschschüssel, sein Spiegelschrank und sein Bett schwebten bereits über dem Boden, und jetzt kreiste die kleine freche Sternschnuppe sogar um seinen Sessel! Benjamin konnte gerade noch herunterspringen, bevor dieser sich auch in die Luft erhob.

»Halt!«, rief Benjamin. »Jetzt ist es aber genug!«
Doch die Sternschnuppe kicherte nur und wollte einfach nicht hören. Und einfangen konnte Benjamin sie auch nicht. Dafür war sie viel zu schnell. – Oje! Was stellte sie denn nun schon wieder an?
»Nein! Nicht den Schrank aufmachen!«, rief Benjamin.
Zu spät. Die kleine Sternschnuppe hatte bereits die Schranktür geöffnet. Sie flog um einen großen Sack herum, aus dem – eines nach dem anderen – Benjamins Zuckerstückchen schwebten.
»Nein! Nicht!«, protestierte Benjamin. »Meine Zuckerstückchen!«
Ein letztes Mal kicherte die kleine freche Sternschnuppe. Dann sauste sie zum Fenster hinaus – und da prasselten alle Zuckerstückchen auf den Boden.
In diesem Augenblick hörte Benjamin eine vertraute Stimme:
»He, Benjamin! Was hast du gesagt?«, fragte Otto verschlafen. »Was ist mit deinen Zuckerstückchen?«
Benjamin sah sich um. Na, so was, er lag ja in seinem Bett! Und Otto war auch da. Noch völlig durcheinander, erzählte Benjamin seinem Freund von der kleinen frechen Sternschnuppe.
»Das hast du doch nur geträumt«, sagte Otto lachend.
Doch Benjamin wollte unbedingt nachsehen, ob mit seinen Zuckerstückchen alles in Ordnung war. Er stand auf und öffnete den Schrank. Was für ein Glück! Da war der Sack, und er war noch ganz voll!
»Jetzt muss ich erst mal ein Stückchen naschen«, sagte Benjamin erleichtert. Das hatte er sich nach dieser Aufregung wirklich verdient, fand er. Zufrieden legte er sich in sein Bett.
»Jetzt kann ich bestimmt gut schlafen. Gute Nacht, Otto!«, sagte Benjamin, und Otto murmelte leise: »Gute Nacht, Benjamin!«

Die Nacht-Safari

In dieser Nacht hatten Benjamin und Otto etwas ganz Besonderes vor: Sie wollten Karla Kolumna bei einem Ausflug durch den Zoo begleiten – einer Nacht-Safari, wie die rasende Reporterin es nannte.
Gerade hatten sie ihren Rucksack mit Proviant gefüllt.
»Soll ich nicht ein bisschen mehr zu essen einpacken?«, fragte Benjamin seinen Freund. »Wer weiß, wie lange so eine Safari dauert.«
Otto lachte. Benjamins Rucksack war nämlich schon so prall gefüllt, dass gar nichts mehr hineinpasste.
»Frau Kolumna hat den Ausflug doch nur ‚Safari' genannt, weil sie dabei Tierfotos machen will – wie bei einer richtigen Safari, Benjamin«, erklärte Otto.
Genauer gesagt wollte Frau Kolumna Fotos von schlafenden Tierkindern machen, und diese würden dann in der Neustädter Zeitung zu sehen sein.
Benjamin dachte noch über Ottos Bemerkung nach, als es schon klopfte und Karla vor der Tür stand.

»Herr Blümchen! Ottolein! Seid ihr fertig für unsere Nacht-Safari?«, fragte sie gut gelaunt.

»Das sind wir, Frau Kolumna. Es kann losgehen! Törööö!«, antwortete Benjamin.

Zuerst besuchten die drei die Pandafamilie. Vorsichtig, um keinen Lärm zu machen, schlichen sie auf Zehenspitzen zum Zaun des Geheges. Und da – ja, das war wirklich ein zu niedlicher Anblick! Das Pandababy schlief zusammengerollt zwischen den Pfoten seiner Mutter Paula.

»Sensationell!«, rief Karla.

»Pssst, Frau Kolumna. Nicht so laut!«, flüsterte Benjamin. Da hätte Karla Kolumna in ihrer Begeisterung doch fast die schlafende Pandafamilie aufgeweckt!

»Oh, Entschuldigung«, flüsterte sie jetzt ebenfalls. »Sensationell, Herr Blümchen!«

Karla Kolumna machte ein paar Fotos, dann gingen sie weiter zum nächsten Gehege, zu Emil und Eric Eisbär. Die beiden Tierkinder lagen eng aneinandergekuschelt zwischen ihren Eltern. Benjamin und Otto fanden die beiden einfach knuddelig!

Am nächsten Gehege, bei den Kängurus, schauten die drei sich verwundert um. Von Klein-Känga war weit und breit nichts zu sehen!

Doch da! Otto hat es entdeckt.

»Benjamin, Frau Kolumna, dort drüben!«, flüsterte er. »Klein-Känga schläft im Beutel seiner Mama.«

Tatsächlich, das kleine Känguru war fast vollständig in Mama Katjas Beutel verschwunden.

»Einfach entzück…«, begann Karla wieder viel zu laut.

Benjamin wollte sie gerade ermahnen, doch Karla hatte es schon selbst gemerkt. »Ich meine: entzückend, wie das kleine Näschen da herausguckt«, flüsterte sie.

Dann besuchten sie das Löwengehege. Karla Kolumna freute sich schon sehr auf die Fotos, die sie von Hipp und Hopp machen würde. Doch auch dort erlebten die drei eine Überraschung.

»Nanu, das sind ja drei Löwenkinder?!«, staunte Benjamin.

Es sah ganz danach aus. Allerdings hatte das dritte Tierkind für einen Löwen ziemlich viele Streifen.

»Benjamin – das ist ja gar kein Löwe, das ist ein kleines Kätzchen!«, flüsterte Otto.

Sonderbar, wie kam denn ein Kätzchen ins Löwengehege? Plötzlich sahen Benjamin, Otto und Karla Kolumna nicht weit entfernt den Schein einer Taschenlampe und hörten eine Stimme: »Miez, miez … Miez, miez …«

Benjamin erkannte die Stimme sofort.

»Das ist doch Herr Tierlieb, der da ruft«, flüsterte er. »Wenn Herr Tierlieb ‚Miez, miez' macht, sucht er eine Katze.«

Eine Katze? Vielleicht das kleine Kätzchen, das sich zwischen Hipp und Hopp gekuschelt hatte?

Der Schein der Taschenlampe kam näher, und schon stand der Zoodirektor vor ihnen.

»Ah, die drei Abenteurer von der Nacht-Safari!«, begrüßte er die Freunde. »Habt ihr vielleicht zufällig ein kleines Kätzchen gesehen?«

Benjamin, Otto und Karla Kolumna zeigten ihm das Kätzchen im Löwengehege, und Herr Tierlieb strahlte über das ganze Gesicht.

»Ja, das ist es«, sagte er erleichtert. »Ihr müsst wissen, meine Tante ist verreist und hat mir das kleine Kätzchen zur Pflege gegeben.«

Irgendwie musste es ihm heute Abend durchs Fenster entwischt sein. Aber es war ihm ja zum Glück nichts passiert.

Karla Kolumna war vom Schmusekätzchen im Löwengehege hellauf begeistert.

»Einfach sensationell!«, rief sie wieder viel zu laut.

»Frau Kolumna!«, ermahnte Benjamin sie streng.

»Ich meine natürlich …«, flüsterte sie nun ganz leise, »… das wird wirklich ein sensationelles Schlussfoto für meine Nacht-Safari!«

Karla machte gleich mehrere Fotos mit ihrer Kamera.

Dann wurde es Zeit, dass das Kätzchen zurück in sein eigenes Bettchen kam.

»Morgen kann es seine neuen Freunde Hipp und Hopp ja wieder besuchen«, meinte Herr Tierlieb.

Benjamin holte es vorsichtig mit seinem Rüssel aus der Umarmung der beiden Löwenkinder.

»So, kleines Kätzchen«, sagte er leise, damit niemand aufwache, »jetzt geht es zurück in dein Körbchen. Bis morgen! Törööö!«